Märchenhafte
Basteleien

Katharina Krebs

Märchenhafte Bastelei

Kleine und große Ideen für eine zauberhafte Kinderwelt

CV

Inhalt

Märchenhafte Basteleien

Vorwort

Ich bin Katharina und ich freue mich von ganzem Herzen, dass du dich für dieses Buch entschieden hast.

Am besten du kochst dir jetzt einen warmen Kakao oder einen Tee und suchst schon mal ein paar Bastelmaterialien zusammen. In diesem Buch nehme ich dich mit auf eine Reise in die zauberhafte Märchenwelt. Lasse deiner Fantasie freien Lauf, mit ein bisschen kreativem Chaos und viel Liebe zum Detail. Bevor du es dir jetzt mit Schere und Kleber gemütlich machst, erzähl ich dir aber kurz noch was über mich.

Ich bin als Einzelkind behütet und geliebt groß geworden. Ich kann behaupten, dass ich eine wundervolle Kindheit hatte. Ich erinnere mich so gerne daran zurück. An die Geschichten, die mir mein Papa immer vorgelesen hat. Die Abende, an denen ich mit meiner Mama gemeinsam im großen Bett eingeschlafen bin. Die vielen Urlaube und die unzähligen Ausflüge. An das Weihnachtsfest, als ich ungeduldig auf den Weihnachtsmann gewartet habe.

Die Ferien habe ich oft mit meiner Cousine bei meinen Großeltern verbracht. An diese Zeit erinnere ich mich auch so gerne zurück. Einmal haben wir Pflaumen gepflückt und sie unter das Bett gestellt. Leider haben wir sie bei der Heimreise dort vergessen und meine Oma hat sich nach Tagen über den Geruch im Zimmer gewundert. Und ich erinnere mich an meinen Opa, wie er mit mir und meiner Cousine immer Ausflüge in den Wald gemacht hat und mit uns Karten gespielt hat, meistens Mau-Mau.

So viele schöne, emotionale und wertvolle Erinnerungen, die mich zu dem Menschen gemacht haben, der ich heute bin.

Heute lebe ich mit meinem Mann, meinen zwei wundervollen Mädchen, zwei Katzen und einem Kaninchen im Eigenheim auf dem Land, den Wald direkt vor der Tür. Wir sind gerne draußen und lieben es, Dinge im Wald zu sammeln, die wir natürlich zum Basteln verwenden.

Eine große Leidenschaft ist das Blumenbinden, stundenlang könnte ich im Garten sitzen und Kränze für meine Mädels binden, dabei streichele ich meine zwei Katzen und beobachte unser Kaninchen, wie es zufrieden das Gras mümmelt.

Flower
Press

Außerdem backe ich sehr gerne. Dabei naschen wir meistens alle zusammen die Teigreste und ich freue mich auch immer schon aufs Dekorieren der Torten. Auf Kuchen kann ich nicht verzichten, ich liebe es, am Nachmittag ein Stückchen Kuchen zu genießen, manchmal bekomme ich sogar schlechte Laune, wenn kein Kuchen mehr im Haus ist.

Gebastelt und gemalt habe ich seit jeher gerne. Als Schulkind waren Kunst und Gestalten meine Lieblingsfächer. Mathe mochte ich nie, aber das erzähle ich hier nur dir. Ich kann beim Basteln absolut abschalten, dabei vergesse ich häufig die Zeit und unser Wohnzimmer wird zum kreativen Schlachtfeld. Mit meinen zwei Mädels verwandelt sich unser Wohnzimmertisch oft zum eigenen Kunstwerk. Hier werden Fantasien und Träume zur Wirklichkeit und die schönsten Dinge entstehen. Die besten Ideen habe ich tatsächlich in der Badewanne, liegt vielleicht daran, dass ich gerne auch dort mal abschalte und die Seele baumeln lasse. Ich lasse mich aber auch von anderen inspirieren und sehe mir gerne deren Bastelideen an. Auch die Nähmaschine rattert hier nicht selten noch bis in die späten Abendstunden. Ich liebe es zu sehen, wie neue, selbst gemachte Sachen entstehen.

Bei uns wird gerne mit Rosafarben gepinselt und Blumen, Tüll und Glitzer dürfen natürlich auch nicht fehlen. Wir lieben Märchen sowie Feen, Elfen, Einhörner und alle anderen magischen Wesen. Zu Weihnachten zieht sogar ein kleiner Wichtel bei uns ein. Im Buch findest du tolle Ideen, gemeinsam mit deinem Kind, auf kreative Weise in diese magische Welt einzutauchen.

Die liebe Christine, die Tante meines Mannes, hat mich dazu gebracht, mich bei Instagram anzumelden, das liegt nun schon einige Jahre zurück. Dort zeige ich auch, wie kreativ wir sind. Für mehr Inspiration folge mir gerne auf meinem Instagram Account @small_flowers_seam.

Zu den Materialien

Waldschätze

Schnapp dir deine Kids und macht doch einfach einen kleinen Spaziergang durch den Wald, dort findet ihr großartige Sachen zum Basteln. Außerdem ist frische Luft immer gut, man bekommt den Kopf frei und hat neue Ideen. Manche Sachen aus dem Wald solltest du aber gut trocknen lassen, bevor es mit dem Basteln losgeht.
Tipp: Nimm an besten immer einen kleinen Korb zum Sammeln mit. Ich lege danach, wieder daheim, die gesammelten Werke erst mal aus und lasse sie gut durchtrocknen. Wenn mir dann wieder eine neue Bastelidee in den Kopf kommt, habe ich immer gleich alles zur Hand und kann losbasteln.

Blumen und Blüten

Pflückt Blümchen und Blüten vor allem im Frühjahr und Sommer, presst sie gemeinsam in einer Blumenpresse oder baut euch eine eigene Presse aus Büchern. Ihr könnt die Blumen dabei mit den Namen benennen – ist fast wie Unterricht, nur schöner.
Tipp: Blumen brauchen etwa eine Woche, um komplett getrocknet und gepresst zu sein, bitte bedenkt das für euer Bastelvorhaben.

Upcycling

Oft kann man mit den einfachsten Dingen die schönsten Sachen basteln und diese wiederverwenden. Beispielsweise Eierkartons, Toilettenpapierrollen oder Verpackungskartonagen eignen sich hervorragend, um so manches DIY-Projekt umzusetzen. Also bitte nicht einfach wegwerfen, sondern aufheben und später dann beim Basteln deiner Kreativität freien Lauf lassen.

Tipp: Sammelt ein paar Sachen, zum Beispiel von dem Obengenannten, und wenn ihr sie benötigt, habt ihr sie griffbereit.

Hinweis

In manchen Anleitungen wird Heißkleber oder eine Stichsäge verwendet, hier immer einen Erwachsenen dazu bitten!

Märchenhafte
Basteleien

Blumenmädchen Ida

Blumen sind das Lächeln der Erde und für die Seele einfach immer gut. Für diese Schönheiten brauchst du gar nicht viel, und das Beste: Sie benötigen kein Wasser und verblühen nicht. Definitiv ein Highlight an jedem Zweig oder in deinem Kinderzimmer.

Du benötigst:

Stoffreste nach Wahl, Schere,
Nadel, Garn,
1 Holzkugel, Ø 45 mm,
gebohrt oder ungebohrt,
Heißkleber, Bleistift,
Kreide in Rosa

1. Aus den Stoffresten Waben schneiden, je größer die Waben, desto größer die Blüte am Schluss. Die Stofflänge sollte ca. 45 cm sein, damit ein schönes Blütenbild entsteht.

2. Jetzt mit Nadel und Garn locker an der geraden Seite entlangnähen und die Fäden am Schluss überhängen lassen.

3. Die Stoffwaben zusammenschieben und mittig an der Holzkugel mit Heißkleber fixieren.

4. Den Stoff einmal um die gesamte Kugel legen. Am Ende, wo die Fäden zusammenlaufen, noch mal mit Heißkleber fixieren. Für besseren Halt des Stoffes an der Kugel auch die Seiten erneut mit Heißkleber fixieren. Die Fäden noch mal verknoten, nicht abschneiden, diese dienen zur Aufhängung der Blume.

5. Zuletzt der Holzkugel ein Gesicht malen und mit der Kreide rosa Wangen zaubern.

Zauberelfe Lina

Elfen sind zarte, kleine Naturgeister.
Wusstest du, dass Elfen, wenn sie ausgewachsen sind, nicht mehr Altern?
In nur wenigen Schritten zauberst du dir deine eigene Elfe. Lass deiner Fantasie dabei freien Lauf.

Du benötigst:

1 Rundkopf-Wäscheklammer, 11 cm, Bastelfarbe Acrylic Rosa, Pinsel, dünnen Stift in Gold, dünnen Stift in Schwarz, Geschenkpapierreste nach Wahl, Kleber, Schere, Heißkleber, Vorlage von Seite 136, Bastelkarton in Lila, 1 kleinen Pompon in Weiß, Stoffreste, am besten Lochspitze, optional: Stoffmalfarbe Glitzer

1. Die Wäscheklammer wie auf dem Bild mit der Farbe bemalen und die Ränder mit Goldstift verschönern. An der zweigeteilten Unterseite kleine Schleifen für die Schuhe malen und ein Gesicht zeichnen.

2. Aus dem Geschenkpapier einen Hut rollen und mit Kleber fixieren.

3. Zwei Flügel aus der Vorlage (Seite 136) auf Bastelkarton übertragen und ausschneiden. Den Pompon mit Heißkleber auf die Hutspitze fixieren.

4. Den Hut mit Heißkleber am Kopf festkleben, den Stoffrest um den Klammerbauch ebenso.

5. Die Flügel an der Rückseite der Klammer fixieren und optional mit Glitzerfarbe bepinseln.

Vogelhaus

Dieses Haus ist ein kleines Upcycling-Projekt und ideal zum Dekorieren von Zweigen oder als Deko zum Hinstellen für den Frühlingstisch.

Du benötigst:

Toilettenpapierrolle,
Geschenkpapierreste,
Schere, Kleber,
Bastelmesser,
rundes Spitzenpapier, Ø 11 cm,
Heißkleber,
optional: Faden, Band,
Schnur o. Ä. zum Aufhängen

1. Die Toilettenpapierrolle mit Geschenkpapierresten einrollen, oben und unten in kleinen Abständen einschneiden bis zur Rolle und innen festkleben.

2. Mit dem Bastelmesser vorsichtig im Bogen eine kleine Öffnung ausschneiden und nach außen biegen.

3. Das Spitzenpapier bis zur Mitte einschneiden.

4. Das Spitzenpapier zum leichten Kegel formen und festkleben.

5. Das Spitzendach mit Heißkleber auf der Rolle befestigen. Zum Aufhängen kann optional noch ein kleiner Faden durch das Spitzendach gezogen werden, am besten, bevor das Dach auf die Rolle geklebt wird.

Schutzengel Elfriede

Einen kleinen Schutzengel braucht jeder.
So bastelst du in wenigen Schritten einen für dich selbst oder deine Lieben.
Er ist auch für die Weihnachtszeit eine großartige Geschenkidee.

Du benötigst:

5 Bastelhölzer, 150 x 18 mm,
Bastelfarbe Acrylic Weiß, Pinsel,
2 Bastelhölzer, 110 x 11 mm,
2 Bastelhölzer, 70 x 9 mm,
Metallicfarbe Gold,
dünnen Stift in Gold und Schwarz,
1 Holzkugel, Ø 45 mm, gebohrt,
Messingdraht, Ø 0,30 mm,
Heißkleber, Schere,
Kettgarn, Ø 1 mm, Engelshaar,
Vorlage von Seite 136, Kaffeefilter

1. Die fünf großen, dicken Bastelhölzer komplett weiß malen, die zwei großen, dünnen Bastelhölzer bis auf 1 cm am Ende auch weiß pinseln. Die zwei kleinen Bastelhölzer werden nur am Ende mit einem leichten Rundbogen mit Gold bemalt. Die Malkanten mit dem goldenen Stift versäubern. Die Holzkugel mit einem Gesicht bemalen und mit goldener Farbe eine Haarsilhouette malen. Den Draht zu einem kleinen Kreis binden.

2. Die Bastelhölzer wie auf dem Bild zusammenkleben.

3. Auf diesem Bild ist die Klebetechnik von hinten noch mal besser zu erkennen.

4. Das Garn als Schlaufe in die Öffnung der Kugel legen (dient später als Aufhängung), mit Heißkleber füllen und aushärten lassen. Den Drahtkreis am Kopf festkleben, dabei das Garn mittig lassen. Engelshaar am Kopf festkleben und den Kopf mit Heißkleber am Körper fixieren.

5. Zwei Flügel aus der Vorlage (Seite 136) auf die Kaffeefilter übertragen und ausschneiden. Mit weißen Punkten betupfen und in der Mitte zusammenkleben.

Waldelfe Ylvi

Heute lohnt sich ein Spaziergang im Wald.
Sammle Kiefernzapfen und lasse sie zwei Tage gut durchtrocknen, am besten in einem warmen Raum. Dabei öffnen sich die Zapfen noch mal richtig, das zu beobachten macht Spaß. Wenn sich ein kleines Krabbeltier im Inneren befindet, sammle es vorsichtig ein und lass es im Wald wieder raus, damit es sich dort ein neues Zuhause suchen kann.
Und dann kannst du losbasteln!

Du benötigst:

Textilfilz, 10 x 10 cm,
in Cremefarben,
Heißkleber,
1 Holzkugel, Ø 45 mm, gebohrt,
dünnen Stift in Schwarz,
Kiefernzapfen

1. Aus dem Filz einen Hut rollen und mit Heißkleber fixieren.

2. Der Holzkugel ein Gesicht malen.

3. Die Holzkugel auf den oberen Zapfen stecken und mit Heißkleber fixieren. Zum Schluss die Filzmütze auf die Holzkugel kleben.

Meerjungfrau Mia

Wenn du das nächste Mal am Meer bist, sammle ein paar Muscheln, lasse sie gut trocknen und bewahre sie zu Hause auf. Nichts ist faszinierender als die wundervolle Unterwasserwelt, mit den bunten Korallen, den vielen Fischen und anderen Bewohnern des Meeres. Tauche ein in diese geheimnisvolle Welt – mit Meerjungfrau Mia. Als Partydekoration, Mitgebsel oder Geschenk gefällt sie auch anderen Kindern sicher sehr. Der Oktopus aus einem Pappbecher und die Seerose passen perfekt dazu.

Du benötigst:

Eierkarton, davon den spitzen und den runden Teil,
Bastelfarbe Acrylic Rosa, Pinsel,
1 Holzkugel, Ø 45 mm, ungebohrt,
dünnen Stift in Schwarz,
Vorlage von Seite 136, Bastelpapier in Metalleffekt Glitter Gold,
Schere, Heißkleber,
2 kleine Muscheln,
Wollfäden in Lila und Rosa

1. Die zwei Teile des Eierkartons rosa pinseln. Der Holzkugel ein Gesicht malen. Die Vorlage (Seite 136) auf das Glitzer-Bastelpapier übertragen und die Schwanzflosse sowie den Bikini mit der Schere ausschneiden.

2. Den spitzen Teil des Eierkartons leicht einschneiden. Die Flosse vorsichtig einschieben und mit Heißkleber fixieren.

3. Das runde Teil des Eierkartons auf das andere kleben. Den Bikini mit Kleber fixieren und dann den Kopf ebenfalls ankleben.

4. Die Muscheln auf den Bikini kleben. Zuletzt die Wollfäden mit Heißkleber am Oberkopf fixieren.

Blume Enna

Irgendwie sind mir Geschenkpapier- oder Bastelkartonreste immer zu schade, um sie einfach wegzuwerfen. Vielleicht hast du Lust auf ein paar schnelle Blümchen? Zum Aufhängen oder auch zum Verschönern von Geschenken eignen sich die beispielsweise perfekt.

Du benötigst:

Geschenkpapierrest nach Wahl,
Vorlage von Seite 136,
Schere, Heißkleber,
1 kleinen Pompon in Weiß

1. Den Geschenkpapierrest in der Mitte falten, sodass er doppelt liegt. Die Vorlage (Seite 136) an der geraden, geknickten, geschlossenen Seite übertragen, je größer die Vorlage, umso größer ist die Blüte am Schluss. Das Ganze viermal wiederholen und danach ausschneiden.

2. Alle ausgeschnittenen Formen komplett in Falten legen und in der Mitte knicken.

3. Alle Innenseiten mit Heißkleber fixieren.

4. Dann auch alle Außenseiten mit Heißkleber aneinanderkleben, sodass eine Blume entsteht. Zuletzt den Pompon in der Blütenmitte fixieren.

Schmetterling Freya

Letztes Jahr haben wir uns Schmetterlingsraupen bestellt und diese beim Verpuppen und Schlüpfen beobachtet. Einige Tage lebten sie noch bei uns zu Hause. Wir haben sie mit frischen Zweigen, Blüten und Obst versorgt. Dann haben wir sie im Garten frei gelassen. Ein wundervoller Moment für die ganze Familie. Diese DIY-Schmetterlinge hier kannst du dagegen im Haus behalten. Ich zeige dir, wie du sie in wenigen Schritten ganz schnell basteln kannst.

Du benötigst:

Seidenpapier,
in verschiedenen Farben,
Bleistift, Schere,
1 Rundkopf-Wäscheklammer, 11 cm,
dünnen Stift in Schwarz,
2 Minizweige, Heißkleber

1. Das Seidenpapier einmal falten und zwei Rundbögen mit Bleistift an die Faltkante zeichnen, dabei sollte der obere Bogen etwas kleiner sein als der untere. Ausschneiden und auseinanderfalten.

2. Das Papier vorsichtig mittig in die Öffnung der Wäscheklammer schieben und zurechtzupfen.

3. Mit dem dünnen Stift ein Gesicht aufzeichnen. Zum Schluss die Zweige vorsichtig mit ein wenig Heißkleber am Kopf fixieren.

Pflanzen-Memory

Beim nächsten Spaziergang nimmst du einen kleinen Korb mit. Pflücke bzw. sammle ein paar Blüten, Blätter und Gräser. Presse und trockne sie, lasse sie noch ein paar Tage liegen und dann kann's losgehen: Ich zeige dir, wie du aus deinen gesammelten Werken ein tolles Memory basteln kannst.

Du benötigst:

Gepresste Blüten, Blätter, Gräser,
Stift, Schere,
stärkere Pappe,
Serviettenkleber, Pinsel,
durchsichtiges Klebeband,
50 mm breit

1. 20 gleich große Quadrate in der Größe 5 x 5 cm auf die Pappe zeichnen und ausschneiden.

2. Den Serviettenkleber mit dem Pinsel auftragen. Nicht trocknen lassen!

3. Immer zwei gleiche/ähnliche gepresste Blüten, Blätter und/oder Gräser heraussuchen und alle einzeln vorsichtig auf die Kleberschicht legen.

Noch mal mit dem Serviettenkleber ganz vorsichtig darüberpinseln. Anschließend gut trocknen lassen.

4. Wenn alles vollständig getrocknet ist, das Klebeband vorsichtig einmal darüberkleben, so hat man lange Freude an dem Spiel.

Einhorn-Wanddeko

Kein magisches Tier hinterlässt so viel Eindruck wie ein Einhorn. Ob man nun daran glaubt, dass es diese Fabelwesen gibt, bleibt jedem selbst überlassen. Jeder wünscht sich doch ein kleines Einhorn, oder? Hier zeige ich dir eines als perfekte Wanddekoration für dein Kinderzimmer.

Du benötigst:

Pappe, Schere, Pinsel,
Bastelfarbe Weiß und Acrylic Rosa,
Eierkarton, davon den spitzen Teil,
Bastelpapier in Metalleffekt Glitter Gold,
Heißkleber, Stift in Schwarz,
Wolle in Rosa, Stoffreste, Nadel,
Garn, Juteband

1. Aus Pappe eine ovale Form schneiden. Diese mit weißer Farbe am Rand bemalen, sodass eine Art Bilderrahmen entsteht. Für den Einhornkopf die spitze Form aus dem Eierkarton rosa pinseln.

2. Aus Pappe kleine Ohren schneiden und ebenfalls rosa anmalen. Aus dem goldenen Bastelpapier ein Horn formen: das Papier spitz zusammenrollen und mit Heißkleber fixieren. Die Farbe aller bemalten Teile trocknen lassen.

3. Wenn die Farbe getrocknet ist, das Horn auf dem Einhornkopf aus Eierkarton mit Heißkleber fixieren. Auf beiden Seiten des Kopfs je ein Auge malen.

4. Die Ohren auf den Papp-Bilderrahmen kleben und den Kopf ebenfalls. Zwei Punkte als Nase auf die Eierkartonspitze zeichnen.

5. Etwas Wolle abschneiden, diese in der Mitte verknoten und als Mähne auf den Kopf kleben.

6. Ein Stückchen schmalen Stoff ausschneiden (hierfür eignen sich Stoffreste perfekt). Mit Nadel und Garn locker einmal am Rand zusammenfassen und diesen kräuseln.

7. Den Stoff unter den Kopf des Einhorns kleben. Die Wollfäden noch leicht auseinanderziehen, so wirkt die Mähne etwas wilder.

8. Zuletzt aus dem Juteband eine kleine Schleife zusammenknoten und diese mit Heißkleber auf der Rückseite des Papp-Bilderrahmens fixieren.

Fliegenpilz-Häuser

Kleine Feen und Elfen brauchen natürlich auch ein Zuhause. In Fliegenpilzhäuschen fühlen sie sich sicher wohl. In nur wenigen Schritten kannst du diese süßen Behausungen für sie basteln.

Du benötigst:

Eierkarton, den runden und spitzen Teil, Bastelfarbe Acrylic Rot und Weiß, Pinsel, Heißkleber, Kleber, getrocknete Hortensienblütenblätter (alternativ Bastelkarton und Schere), dünnen Stift in Schwarz

1. Den runden Teil des Eierkartons rot und den unteren, spitzen Teil weiß pinseln. Wenn die rote Farbe getrocknet ist, weiße Punkte daraufsetzen.

2. Jetzt beide Teile mit dem Heißkleber zusammenkleben, sodass ein Pilz entsteht. Aus den Blütenblättern, oder alternativ aus Bastelkarton, ein Fenster und eine Tür ausschneiden und auf den weißen Teil kleben. Zuletzt mit dem Stift noch einen Türknauf und das Holz im Fenster einzeichnen.

Einhorn Erna

Auf einem Einhorn reiten ist unmöglich? Ich sage dir, das geht: Mit Erna Einhorn! Mit ihrem goldenen Horn sowie der magischen Mähne wird jeder Ausritt zum Abenteuer und viel lustiges Spiel und Spaß im Kinderzimmer sind garantiert.

Du benötigst:

1 großes Stück dickere Pappe,
Bleistift, Bastelmesser,
Bastelfarbe Acrylic Rosa und Gold,
Pinsel, Stift in Schwarz,
Kreide in Rosa, Glitzerfarbe,
Stoffreste (am besten Baumwolle),
Schere, Heißkleber,
1 Besenstiel (alternativ dicken Stock),
Stichsäge

1. Die Silhouette eines Einhorns auf ein Stück Pappe zeichnen.

2. Mit dem Bastelmesser ausschneiden. Den Vorgang ein zweites Mal wiederholen, dabei die vorher ausgeschnittene Silhouette als Zeichenvorlage nutzen, sodass dann beide Formen identisch sind.

3. Jeweils das Einhorngesicht rosa und das Horn gold pinseln. Die Farben trocknen lassen.

Mit dem schwarzen Stift jeweils ein Auge aufzeichnen. Mit der Kreide rosa Wangen und Ohren malen, dabei die Kreide mit den Händen etwas verwischen. Das Horn mit der Glitzerfarbe verschönern.

4. Für die Mähne lange verschiedenfarbige Stoffreste abschneiden. Diese der Länge nach auf ein mittig quer gelegtes langes Stoffstück kleben.

5. Den mittigen Stoffstreifen am Kopf des Einhorns nach dem Ohr mit Heißkleber fixieren.

6. Den Besenstiel vorsichtig mit der Stichsäge in der Mitte ca. 10 cm einschneiden.

7. Die Pappe in die Öffnung des Stiels schieben. Noch ein paar lange Stoffreste am Stiel befestigen und losreiten.

Theater

Theater

Theodor Storm sagte einst: „Darum liebe ich die Kinder, weil sie die Welt und sich selbst noch im schönen Zauberspiegel ihrer Fantasie sehen.“ Hier kommt ein kleines Theater, zum Spielen und Träumen. Perfekt, um Spaß zu haben und spannende Geschichten nachzuspielen.

Du benötigst:

Pappe (am besten gewellt),
Bastelmesser, Schere,
Papier in Weiß, Stift in Schwarz,
Tapetenreste (alternativ Papier mit Muster),
2 Holzspieße, Kleber, Heißkleber,
1 kleinen Karton,
Stoffreste (am besten Baumwolle),
Baumwollbordüre, 8 mm, in Creme

1. Aus Pappe zwei wellenformähnliche Dächer in gleicher Länge schneiden, eines (das Dach) sollte dabei etwas breiter sein. Aus Papier ein Schild zuschneiden und dieses mit dem Schriftzug „Theater" versehen.

2. Die Stoffreste in Falten legen und als Vorhänge von hinten an das untere Dach kleben.

3. Aus Tapetenresten und Holzspießen zwei Fahnen basteln. Tapetenreste in das Innere des Kartons kleben, sodass ein schöner Bühnenhintergrund entsteht. Beide Dächer mit Heißkleber fest am Karton fixieren. Das Schild mit dem Schriftzug aufkleben. Die zwei Fahnen von hinten am Dach fixieren. Die Stoffvorhänge mit der Bordüre zubinden.

4. Das obere Dach von hinten noch mal mit etwas Pappe stabilisieren.

Theater

Feentür

Damit deine Fee dich immer besuchen kann, bastelst du für sie am besten einfach eine kleine Tür. Die kannst du dann an einer Stelle befestigen, die du immer gut im Blick hast. Mit etwas Glück entdeckst du deine kleine Fee beim Rein- und Rausfliegen.

Du benötigst:

Vorlage Pilz von Seite 137,
Pappe,
große und kleine Schere,
selbstklebenden Bastelfilz in Weiß
und Rosa, Heißkleber,
6 Pompons in Weiß

1. Die Pilzvorlage (Seite 137) auf die Pappe übertragen und ausschneiden, für das Fenster eine kleine Schere verwenden.

2. Den unteren Teil vorsichtig mit dem weißen Bastelfilz bekleben, dabei den Filz an den Kanten überstehen lassen. Tür und Fenster vorsichtig ausschneiden.

3. Den oberen Teil des Pilzes mit dem rosa Bastelfilz bekleben und die Kanten überstehen lassen.

4. Damit die überstehenden Kanten schön gerade werden, den überstehenden Filz in kleinen Abständen einschneiden und dann auf der Rückseite festkleben.

5. Zum Schluss die Pompons auf die Pilzkappe kleben.

Mohnkapselfee Ella

Diese kleinen Feen sind nicht nur schön anzusehen, du kannst sie auch mit den Händen durch den Raum fliegen lassen oder als kleine Schausteller für das Schattentheater (siehe Seite 120) nutzen.

Du benötigst:

Kaffeefilter,
Vorlage von Seite 137, Schere,
große Mohnkapseln mit Stiel,
Bastelfarbe Acrylic Weiß, Pinsel,
dünnen Stift in Schwarz,
Kreide in Rosa,
Heißkleber

1. Für jeweils eine Fee die Flügel herstellen. Dazu den Kaffeefilter einmal falten, die Vorlage (Seite 137) übertragen und ausschneiden.

2. Eine Mohnkapsel weiß anmalen und die Farbe trocknen lassen. Dann ein Gesicht aufzeichnen, dabei die Wangen mit der Kreide etwas verschmieren.

3. Die Flügel mit Heißkleber am Stiel befestigen. Zum Schluss mit dem Pinsel kleine weiße Tupfen auf die Flügel malen.

Wolkenlampe

Dem Himmel ganz nah sein und die Wolken fühlen, das kannst du mit dieser tollen Bastelidee. Die Wolke ist nicht nur superflauschig und sieht gut aus, sie spendet als Lampe auch ein großartiges Licht zum Einschlafen und Träumen oder du nimmst sie einfach als Laterne zum nächsten Laternenumzug mit.

Du benötigst:

1 leere helle PET-Flasche,
gut gereinigt und innen getrocknet,
kleinen Bohrer,
Messingdraht, Ø 0,30 mm,
Micro-LED-Lichterkette, Heißkleber,
Füllwatte/Bastelwatte,
für die Laternenvariante:
kleineren Stock
(alternativ Holzstab)

1. Am Flaschenboden ein kleines Loch bohren. Den Draht durch das Loch und durch die Flaschenhalsöffnung fädeln. Das Ganze sollte stabil sein, deshalb sind mehrere Stränge des Drahtes sinnvoll. Der Draht wird dann oben fest zusammengebunden, das dient später zur Aufhängung der Lampe/Laterne.

2. Die Lichterkette in die Flasche stecken. Das Batteriegehäuse an der Flasche mit Heißkleber befestigen, hier muss die Öffnung unbedingt nach außen zeigen, sodass die Batterien später problemlos gewechselt werden können, auch der Schalter sollte gut zu bedienen sein.

3. Füllwatte in kleinen Stücken mit Heißkleber auf der Flasche festkleben, auch hier beachten, dass der Schalter immer gut zu erreichen ist und nicht zugeklebt wird.

4. Die Füllwatte so festkleben, dass eine Wolkenform entsteht.

Für die Laternenvariante:
Die Drahtaufhängung fest um einen kleinen Stock wickeln und dann mit Heißkleber gut fixieren.

Fliegenpilz-Laterne

Ein kleines Licht in deiner Hand im Dunkeln,
magisch und wunderschön, im Wald oder bei einem Laternenumzug
auf der Straße. Trage es fröhlich an deiner Seite
und singe ein Lied dabei.

Du benötigst:

1 leere helle PET-Flasche, gut gereinigt und innen getrocknet,
Bastelfarbe Acrylic Weiß, Pinsel,
Bastelpapier in Rot, Schere,
Micro-LED-Lichterkette, Heißkleber,
Füllwatte/Bastelwatte,
Moos, kleine Zapfen,
Eicheln, Juteband,
Stock/Ast aus dem Wald

1. Die Flasche mit der weißen Farbe anmalen und gut trocknen lassen.

2. Einen großen Kreis und in dessen Mitte einen kleinen in der Größe der Flaschenöffnung auf das rote Bastelpapier übertragen. Den großen Kreis ausschneiden, die runde Öffnung in der Mitte ebenso. Den großen Kreis mit weißen Punkten betupfen und die Farbe trocknen lassen. Dann den Kreis an einer Stelle bis zur Mitte einschneiden. Das Ganze zum Kegel formen, sodass ein Pilzkopf entsteht.

3. Die Lichterkette in die Flasche stecken, dabei ein paar Lichter noch außerhalb der Flasche lassen. Den Pilzkopf über den Flaschenhals/die -öffnung stülpen und festkleben. Mit der Schere vorsichtig, von unten, in ein paar weiße Tupfen kleine Löcher stechen/schneiden. Die Lichter, die außerhalb der Flasche sind, von unten an die Löcher kleben, sodass Licht durch den Deckel scheinen kann. Das Batteriegehäuse ebenfalls unter den Deckel kleben.

4. Die Füllwatte unter den Deckel kleben, sodass die Lichterkette und das Batteriegehäuse gut abgedeckt werden, dabei darauf achten, dass die Batterien später gut gewechselt werden können.

5. Moos, Zapfen und Eicheln unterhalb/unten an der Flasche fixieren.

6. Den Flaschenhals/die -öffnung mit Juteband umwickeln und dieses festkleben. Den Stock am Band befestigen und mit Heißkleber fixieren.

Schmetterlings-flügel

Einmal ein kleiner Schmetterling sein
und hoch in die Lüfte fliegen, sich auf einer Blume ausruhen
und in der Sonne tanzen. Mit diesen wunderschönen Flügeln aus Pappe
kannst du dich, in deiner Fantasie, in einen Schmetterling verwandeln!

Du benötigst:

1 großes Stück festere Pappe,
Stift, Bastelmesser,
Bastelfarbe Acrylic Weiß, Pinsel,
Toilettenpapierrolle,
Heißkleber, Schere,
Gummiband, 1 cm breit,
Füllwatte/Bastelwatte

1. Eine Schmetterlingsform auf die Pappe zeichnen und mit dem Bastelmesser ausschneiden.

2. Die Flügel mit der weißen Farbe bemalen, dabei darauf achten, dass beide Seiten ungefähr gleich bemalt werden. Die Toilettenpapierrolle weiß pinseln, die Farbe trocknen lassen und danach die Rolle als Körper in die Schmetterlingsmitte kleben.

3. Den Gummi mit der Schere in zwei lange Streifen schneiden, durch die Rolle ziehen und verknoten. Die Länge richtet sich nach deiner Größe, am besten einfach probetragen und den Gummi anpassen.

4. Die zusammengeknoteten Enden des Gummis in der Rolle verstecken und mit Heißkleber fixieren. Dann mit Füllwatte ausfüllen.

Blütenfee Alma

Diese wunderschöne Blütenfee wird dich begeistern, du kannst mit ihr spielen oder sie als Dekoration für dein Kinderzimmer nehmen. Am besten bastelst du gleich mehrere davon und bekommst so eine magische Feenfamilie.

Du benötigst:

Holz-Pegdoll-Rohling
Frauenform, 75 mm,
Bastelfarbe Acrylic Rosa, Braun, Weiß,
Pinsel, dünnen Stift in Schwarz,
Kreide in Rosa,
Vorlage von Seite 137, Bastelfilz in Rosa,
Schere, Nadel, Stickgarn in Rosa,
Heißkleber,
Styroporkugel, Ø 5 mm

1. Auf den Rohling mit dem Pinsel ein weißes Kleid aufmalen.

2. Auf den Rohling mit Stift und Kreide ein Gesicht aufzeichnen und mit Braun die Feenhaare aufpinseln.

3. Mit dem Pinselende kleine Blumen in Rosa und Weiß auf das Kleid und die Haare der Fee auftupfen.

4. Die Blütenvorlage, es gibt 2 Varianten (Seite 137), auf den Filz übertragen und ausschneiden. Ebenso einen Umhang aus dem Filz zuschneiden. Die Blüte bleibt so; am Filzumhang locker an der geraden Kante entlangnähen.

5. Den Blütenhut mit Heißkleber am Feenkopf fixieren. Die Styroporkugel mittig auf der Blüte befestigen. Zuletzt der Fee den Umhang umbinden, etwas kräuseln und eine Schleife machen.

Spangen-Regenbogen

Haarspangen kann man doch nie genug haben, oder?
Die Frage ist nur, wohin damit? Ich zeige dir einen großartigen Regenbogen, an dem all deine Haarspangen Platz finden werden.

Du benötigst:

Vorlage von Seite 138,
1 Stück festere Pappe, Schere,
Wolle in Grün, Blau, Lila, Rosa und Gelb,
Juteband, Heißkleber,
Bastelwatte/Füllwatte

1. Die Vorlage (Seite 138) auf die Pappe übertragen und ausschneiden. Die Wolle jeweils in den verschiedenen Farben flechten. Dabei darauf achten, wie lang der geflochtene Farbteil sein muss, indem er an den Papp-Regenbogen gehalten wird: Bei der Farbe, die in dem Papp-Regenbogen ganz außen liegen soll, ist der geflochtene Anteil am längsten, bei dem ganz innen liegenden am kürzesten. Die Enden am Flechtende mit der Wolle verschließen/verknoten und reichlich Wolle überstehen lassen.

2. Aus Juteband eine Schlaufe als Aufhängung oben mittig auf der Rückseite des Papp-Regenbogens fixieren.

3. Jetzt von außen nach innen jeweils die geflochtenen Wollstreifen auf der Pappe fixieren, sodass der geflochtene Teil auf der Pappe klebt und die Fäden überhängen.

4. Die überstehenden Wollfäden auf eine Länge schneiden. Die Bastelwatte an den Übergängen fixieren.

Luftballon-Lampe

In nur wenigen Schritten zauberst du dir eine wundervolle Lampe. Lasse den leuchtenden Luftballon an deiner Wand hell scheinen – ein echter Blickfang in deiner Kuschelecke. Es gibt auch eine andere hübsche Variante dazu: eine Mondlampe. Du kannst dir letztendlich aussuchen, welche Form du wählst, ich glaube, du wirst beide sehr mögen.

Du benötigst:

Dicke Pappe, Bastelmesser, Juteband, Heißkleber, Schere, Rundkopfklammern, Micro-LED-Lichterkette, Bastelwatte/Füllwatte, Schnur oder Stoffreste

1. Die Pappe in Luftballonform (alternativ in Mondform) mit dem Bastelmesser ausschneiden.

2. Das Juteband zu einer Schlaufe verknoten und diese auf der Rückseite der Pappe mit Heißkleber fixieren, dabei auf die mittige Anbringung achten.

3.– 4. Mit der Schere in gleichen Abständen verteilt Löcher in die Pappe stechen/schneiden. Stück für Stück die Rundkopfklammern durch die Löcher stecken und die Lichterkette an den Klammern fixieren. Dabei die Lichter gleichmäßig verteilen.

5. Das Batteriegehäuse auf der Rückseite der Pappe fixieren.

6. Bastelwatte mit Heißkleber auf der Pappseite mit den Lichtern fixieren. Die Watte komplett auf der Form verteilen.

7. Aus einer Schnur oder einem Stoffrest eine Schleife binden und diese am unteren Teil des Luftballons ankleben.

Blumenfee Ava

Ava zieht jedes Frühjahr bei uns ein und wird an die Zweige gehängt. Die Fee sieht einfach wunderschön aus und ist absolut zeitlos. Wenn sie sich dreht, wirkt es wie ein kleiner Tanz.

Du benötigst:

1 Holzkugel, Ø 12 mm, gebohrt, dünnen Stift in Schwarz, Silberdraht, Ø 0,30 mm, Heißkleber, getrocknete Blumen-/Blütenreste, Stoffreste (am besten Lochspitze), Garn, Nadel, Schere

1. Für den Feenkopf die Holzkugel mit einem Gesicht bemalen. Aus dem Draht einen kleinen Kreis formen, der als Kranz auf die Holzkugel passt.

2. Heißkleber auf den Draht geben und den Drahtkranz in die Trockenblumen tauchen, bis sie daran kleben bleiben.

3. Den Stoffrest zu einem Kegel formen. Einen langen Garnfaden abschneiden. Am spitzen Kegelende fest um die Spitze wickeln und verknoten, es sollte dabei noch ein längerer Faden übrig bleiben.

4. Das Garn mit der Nadel durch die Öffnung der Holzkugel ziehen, bis der Stoff fest in der Kugel sitzt. Das Garn am Ende oben abschneiden und verknoten, die Schlaufe ist dann die Aufhängung. Zuletzt den Blumenkranz am Feenkopf fixieren.

Zauberstab

Um richtig zaubern zu können, brauchst du natürlich einen Zauberstab. Am besten mit richtig viel Glitzer. Ich zeige dir, wie du dir einen solchen für dich selbst ganz einfach und in nur wenigen Schritten basteln kannst.

Du benötigst:

Vorlage Stern groß von Seite 139, selbstklebendes Moosgummi, Glitter in Lila und Rosa, Schere, Vorlage Stern klein von Seite 139, Satinband, 3 mm, in Lila, Weiß und Rosa, Baumwollbordüre, 8 mm, in Creme und Rosa, Buchen-Rundstab, Ø 12 mm, 30 cm lang, Heißkleber, 2 kleine Pompons in Weiß

1. Die Vorlage Stern groß (Seite 139) jeweils auf den lila- und den rosafarbenen Moosgummi übertragen.

2. Die Sterne ausschneiden.

3. Die Vorlage Stern klein (Seite 139) ebenfalls zweimal auf den Moosgummi übertragen und ausschneiden. Jeweils die kleinen in der jeweiligen anderen Farbe auf die großen Sterne kleben.

4. Bis zur Hälfte die untere Klebefläche des großen Sterns lösen. Satinbänder und Bordüren auf eine Länge von ca. 25 cm zuschneiden. Den Holzstab, die Bänder und die Bordüren auf der unteren Klebefläche des Sternes fixieren.

5. Klebefläche von beiden Sternen komplett lösen und übereinander kleben, dabei darauf achten, dass schön gleichmäßig Kante auf Kante geklebt wird. Am Schluss auf beiden Seiten die Pompons auf dem Stern über den Bändern mit Heißkleber fixieren.

Märchenschloss

Einmal ein eigenes kleines Schloss mit Türmen und wehenden Fahnen. Das kannst du dir ganz leicht selber basteln. Deiner Fantasie sind hier keine Grenzen gesetzt. Such dir einen großen Karton und los geht's.

Du benötigst:

1 großen Karton, Bleistift, Bastelmesser, Pappe, Heißkleber, Bastelfarbe Acrylic Weiß, Pinsel, 2 dünne Holzstäbe, Tapetenreste oder Bastelpapier, Juteband

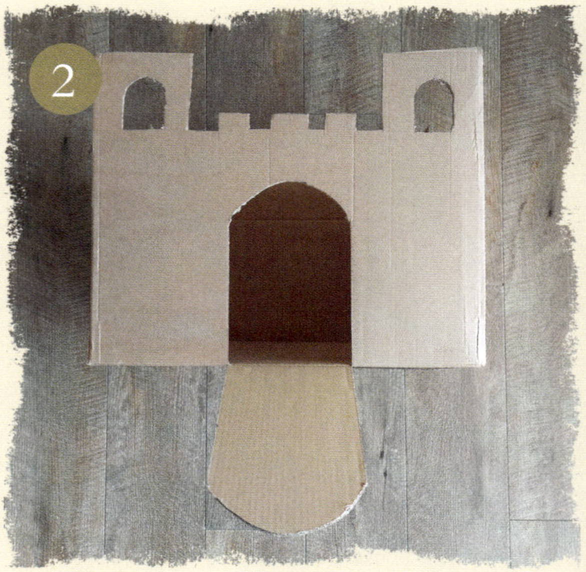

1. Die Umrisse einer Burg auf alle vier Seiten des Kartons aufzeichnen.

2. Mit dem Bastelmesser vorsichtig die Umrisse ausschneiden, die Tür nur an den Rundungen einschneiden, sodass sie nach unten geklappt werden kann.

3. Aus der Pappe zwei Dreiecke schneiden und diese mit Heißkleber auf die Türme kleben.

4. Das Schloss in einer Steinoptik mit weißer Farbe anmalen. Die Türme weiß pinseln. Aus den Tapetenresten zwei Fahnen ausschneiden und mit den Holzstäben auf den Türmen fixieren. Auf ein Juteband eine Wimpelkette aus Tapetenresten kleben und diese am Schloss befestigen.

Blumenkranz

Blumen sind einfach die schönste Sprache der Natur und daher ein wunderbares Bastelmaterial. Wenn du aber noch keine Erfahrung im Blumenbinden hast, dann ist dieses Projekt vielleicht genau das Richtige für dich: eine Kombination aus Kranz und Wandteppich.

Du benötigst:

Hellen Leinen- oder Baumwollstoff,
40 x 30 cm, Schere,
Buchen-Rundstab, Ø 12 mm, 40 cm lang,
Heißkleber, Teller als Vorlage,
Stift, Juteband,
Trockenblumen (alternativ Gräser)

1. Den Stoff auf die Maße 40 x 30 cm zuschneiden. Den Rundstab am kürzeren Ende des Stoffrechtecks oben anlegen, die Enden des Stabs sollten dabei rechts und links überstehen.

2. Das Stoffende mit Heißkleber zweimal um den Stab wickeln.

3. Das Ganze umdrehen und mithilfe eines Tellers einen Kreis auf den Stoff zeichnen.

4. Das Juteband mit Heißkleber auf den Kreis kleben.

5.–6. Die Trockenblumen im Fischgrätenmuster am Band entlang festkleben, hierbei auf eine gute Farbmischung der Blumen achten.

7. Als Aufhängung ein ausreichend langes Stück Juteband mit beiden Enden je links und rechts am Stab verknoten.

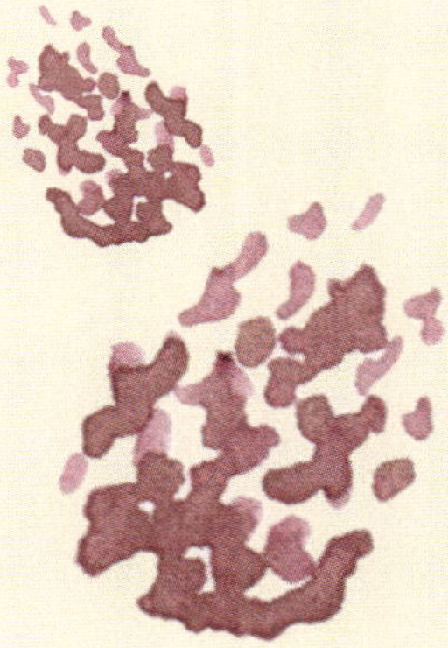

Hase Hilde

Hase Hilde ist ein süßer kleiner Hoppler, der im Frühjahr deine Zweige dekoriert. Mit seinen kuscheligen Ohren und dem niedlichen Schwänzchen ist er einfach zu goldig. Auch als kleines Mitgebsel für einen Kindergeburtstag ist er perfekt.

Du benötigst:

1 Holzkugel, Ø 40 mm, ungebohrt,
1 Holzkugel, Ø 18 mm, gebohrt,
Stift in Schwarz,
Stoffreste nach Wahl, 15 x 2 cm,
Zickzackschere, Nadel,
Garn, Heißkleber,
2 längere/größere Weidenkätzchen (alternativ Hasenschwanzgras),
1 kürzeres/kleineres Weidenkätzchen

1. Die zwei Holzkugeln aufeinanderkleben.

2. Ein zartes Gesicht auf die kleine Holzkugel malen.

3. Den Stoff mit einer Zickzackschere an den Seiten verschönern. Mit Nadel und Garn an der Außenkante locker entlangnähen/das Garn locker durchziehen und zum Schluss den Faden an beiden Seiten überstehen lassen.

4. Das Stoffstück zu einem Kranz kräuseln. Diesen in der Mitte um die Kugeln binden und die Fäden fest verschließen. Als Aufhängung eine Schlaufe mit zwei dünnen Fäden bilden, diese in die obere Kugellochöffnung einführen und mit Heißkleber fixieren.

5. Die größeren Weidenkätzchen als Ohren vorsichtig an der oberen Holzkugel neben der Öffnung fixieren, dabei darauf achten, dass die Aufhängung mittig bleibt.

6. Zuletzt das kleine Weidenkätzchen als Hasenschwänzchen auf der Rückseite der großen Holzkugel fixieren.

Theater

Schattentheater

Licht aus und aufgepasst!
Bitte alle Platz nehmen, jetzt geht es los mit deiner Vorstellung.
Hier kannst du die Mohnkapselfeen (siehe Seite 72) zum Leben erwecken.
Lasse sie im Licht tanzen und erfreue dich am Spiel mit dem Schatten.

Du benötigst:

1 großen Karton,
Bastelmesser, Pappe,
Bastelfarbe Acrylic Weiß,
Bastelpapier in Braun,
Kleber, Pinsel, Heißkleber,
2 Stückchen Stoff, am besten Spitze,
Schere,Transparentpapier A3,
Holzspieß

1. Als Bühne für das Theater ein großes „Fenster" aus dem großen Karton ausschneiden. Einen etwas breiteren/längeren und einen etwas schmaleren/kürzeren Streifen Pappe in Wellenform ausschneiden. Die Streifen weiß pinseln und den breiten über dem Fenster und den schmalen darunter anbringen. Aus braunem Bastelpapier ein Schild mit der Aufschrift „Theater" basteln, mit Kleber auf dem oberen Pappstreifen fixieren, bei Gefallen noch einen Stern danebenkleben.

2. Die Stoffstücke etwas länger als die Seitenlängen des Fensters ausmessen und ausschneiden. Die Stoffstücke mit Heißkleber jeweils als Vorhang am Fenster innen fixieren.

3. Das Transparentpapier von hinten auf das gesamte Fenster inklusive des Stoffs kleben. Einen großen und kleinen Stern jeweils an der Seite des Theaters mit Heißkleber fixieren.

Krone

Um eine richtige Prinzessin zu sein, brauchst du natürlich eine Krone. Vielleicht hast du noch Tapetenreste zu Hause. Schnapp sie dir und du kannst damit loslegen, dir daraus eine Krone zu basteln. Natürlich kannst du sie am Schluss nach Herzenslust noch bekleben und bemalen, so wie es dir gefällt.

Du benötigst:

2 Stück Tapetenreste, 48 x 12 cm,
Schere, Satinband, 3 mm, in Weiß,
Baumwollbordüre, 8 mm, in Creme,
Heißkleber, Lochstanzer,
5 kleine Pompons in Weiß,
Band, ca. 35 cm lang

1. Die Tapetenreste jeweils wie auf dem Bild zurechtschneiden, die Höhe der Spitzen beträgt dabei 12 cm, das „Spitzental" 8 cm. Es sollten insgesamt sechs Zacken sein. Dann die beiden Tapetenstreifen links auf links zu einem Band aufeinanderkleben, sodass die „schönen" Seiten außen liegen und zu sehen sind.

2. Auf einer Seite des Tapetenbands die Baumwollbordüre am unteren geraden Teil mit Heißkleber fixieren.

3. Das Tapetenband mit der Bordüre nach außen so zu einer Krone formen, dass die letzten Spitzen aufeinanderliegen, und diese festkleben.

4. Die Pompons auf den Kronenspitzen fixieren.

5. Mit einem Lochstanzer zwei sich gegenüberliegende kleine Löcher oberhalb der Bordüre in die Krone setzen.

6. Jeweils ein Band pro Loch durch die Öffnung fädeln und an der Krone verknoten.

Woody
Freya
Mapsy

Pferdestall

Träumst du auch oft von einem eigenen Pferd und Pferdestall? Ich zeige dir, wie du aus Kartonresten einen tollen Stall zaubern kannst, und das Beste ist, du musst ihn nicht ausmisten. Sattel schon mal deine Spielpferde und los geht's.

Du benötigst:

1 mittelgroßen Karton,
Bastelmesser, Pappe,
Bastelfarbe Braun, Pinsel,
Bastelhölzer, 150 x 18 mm, Heißkleber,
dünnen Bastelkarton in Braun,
Stift in Schwarz

1. Den Karton mit dem Bastelmesser auf die gewünschte Höhe des Pferdestalls schneiden. Aus Pappe ein wellenförmiges Dach in der gleichen Länge wie die des Kartons schneiden. Das Dach braun anmalen.

2. Bastelhölzer (außer vier für den nächsten Arbeitsschritt) vorsichtig in der Mitte durchschneiden. Aus Pappe einen Streifen in Länge des Kartons zuschneiden. Die Hölzer hochkant nebeneinander auf den Streifen kleben.

3. Die vier nicht durchtrennten Bastelhölzer im gleichen Abstand zueinander von hinten auf die anderen Bastelhölzer kleben.

4. Als Frontseite des Pferdestalls eine Kartonseite dem Klebemuster der Bastelhölzer entsprechend ausschneiden und das Hölzerband auf der Frontseite fixieren.

5. Das Dach am oberen Rand der vier langen Hölzer festkleben.

6. Aus der restlichen Pappe zwei Abtrennungen ausschneiden und diese in gleichem Abstand in das Innere des Kartons kleben. Eine Öffnung auf der der Frontseite gegenüberliegenden Kartonseite ausschneiden.

7. Schilder für die Pferdenamen aus dem braunen Bastelkarton schneiden. Mit einem Stift Pferdenamen darauf schreiben und die Schilder am Dach über den Boxen zwischen den großen Hölzern festkleben.

Haarspange

Du liebst es, dich hübsch zu machen und deine Haare zu schmücken? Dann zeige ich dir, wie du deine eigene großartige Blumenhaarspange machst.

Du benötigst:

Vorlage Blüten von Seite 139, Bastelfilz in Rosa, Schere, Nadel, Garn, 1 Pompon in Weiß, Heißkleber, Glitzer-Haarspangen-Rohling

1. Die Blütenvorlage (Seite 139) auf den Filz übertragen und ausschneiden.

2. Die Filzblüten übereinanderlegen und in der Mitte viermal locker zusammennähen.

3. Den Faden auf der Rückseite fest zusammenziehen, sodass sich die Blüte in der Mitte kräuselt. Den Faden fest verknoten und abschneiden.

4. Den Pompon in der Mitte der Blüte festkleben.

5. Die Blüte auf der Spange fest fixieren.

Vorlagen

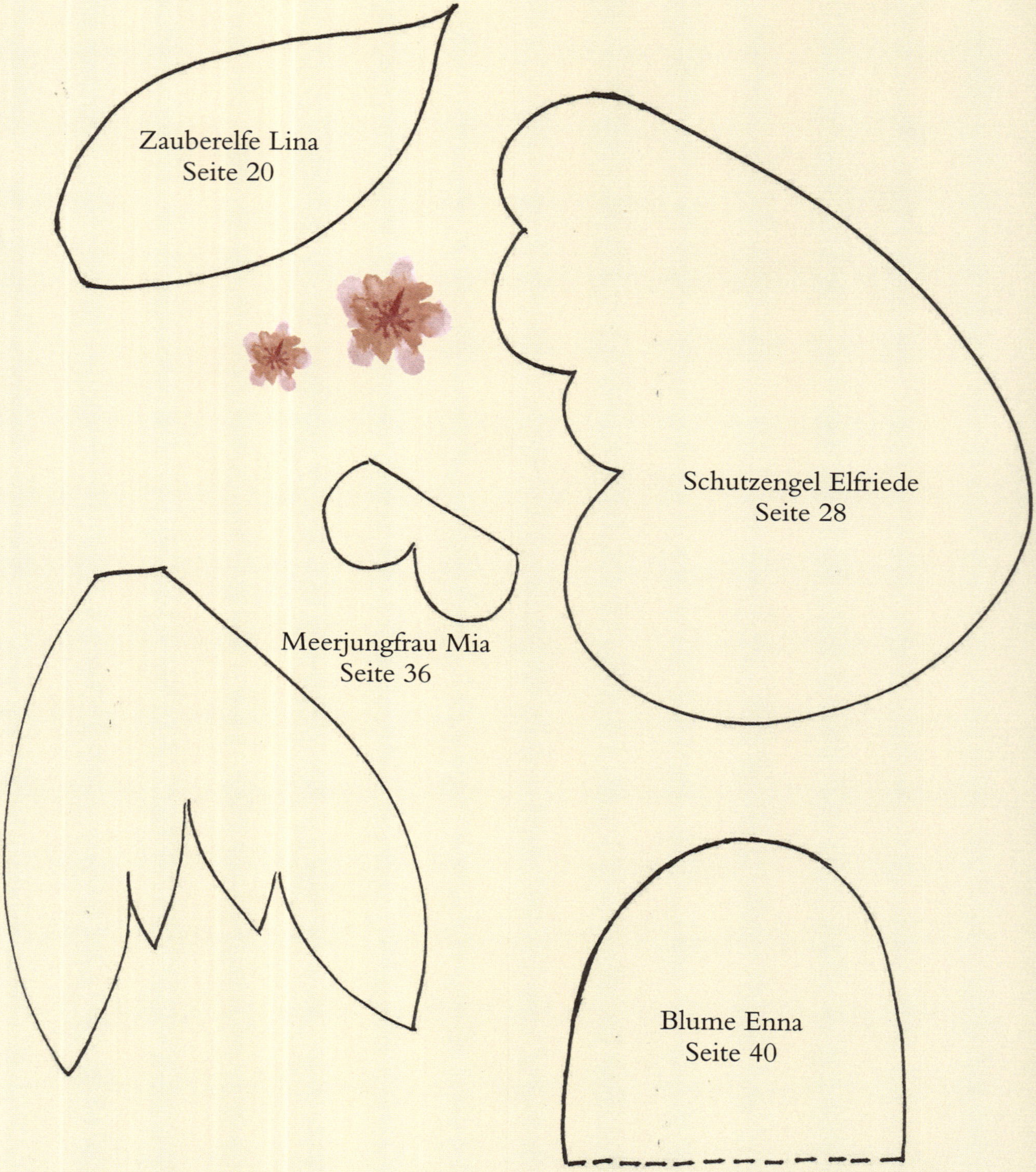
Zauberelfe Lina
Seite 20
Schutzengel Elfriede
Seite 28
Meerjungfrau Mia
Seite 36
Blume Enna
Seite 40

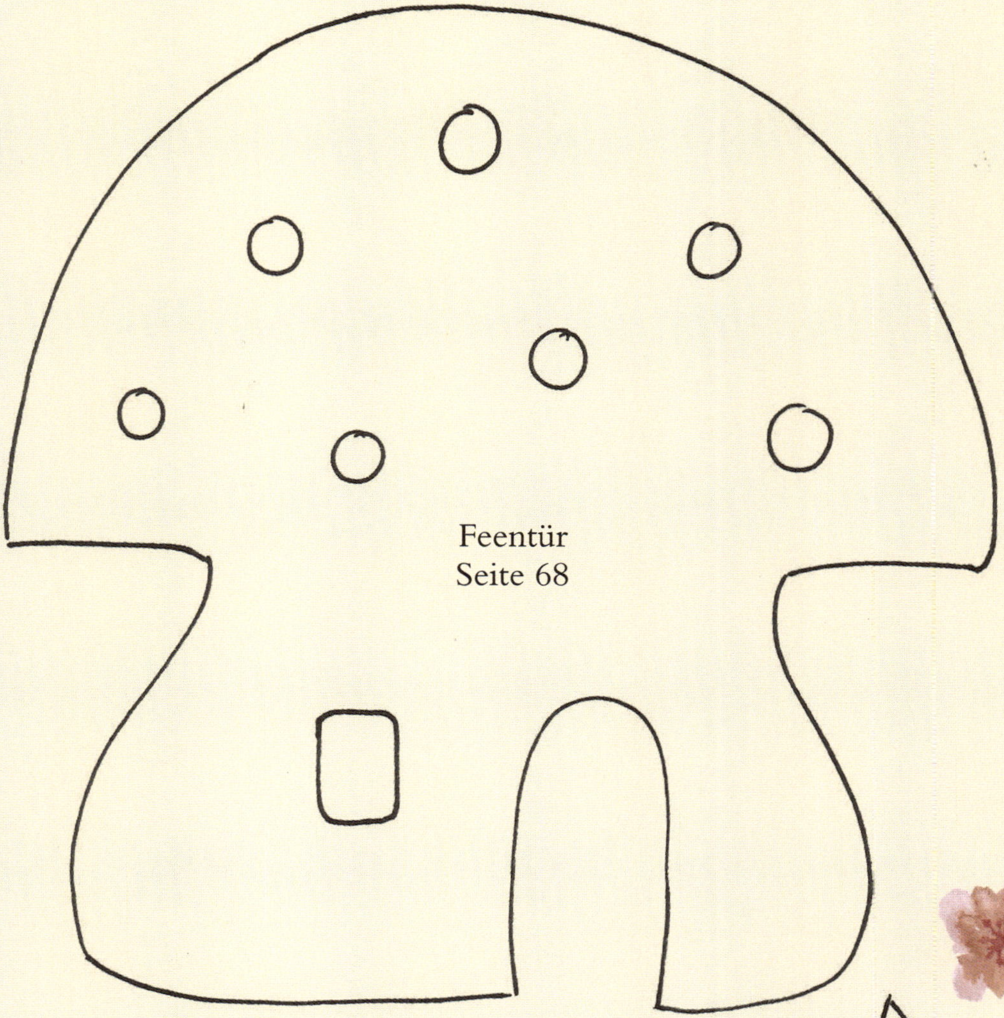

Feentür
Seite 68

Mohnkapsel-
Elfe
Seite 72

Blütenfee Alma
Seite 88

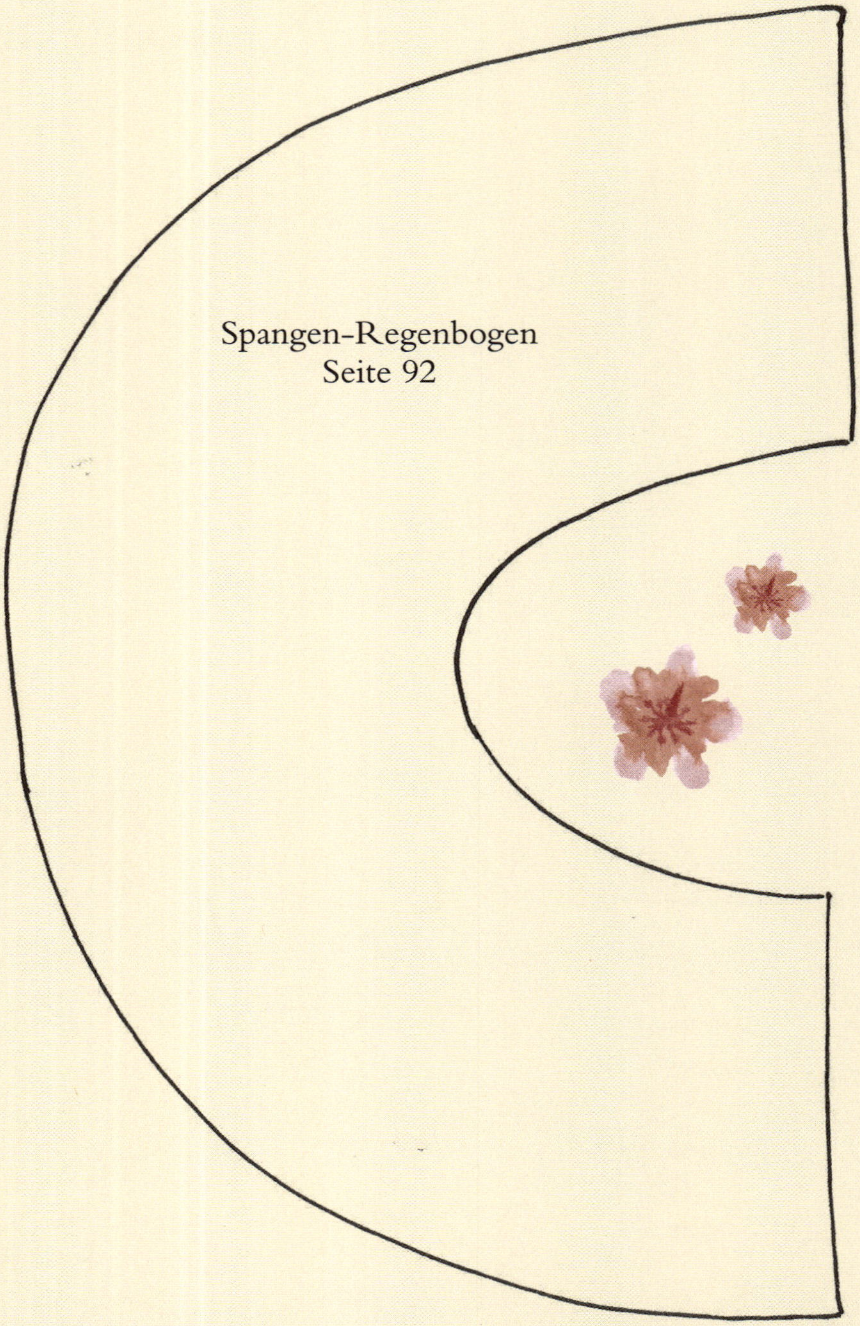
Spangen-Regenbogen
Seite 92

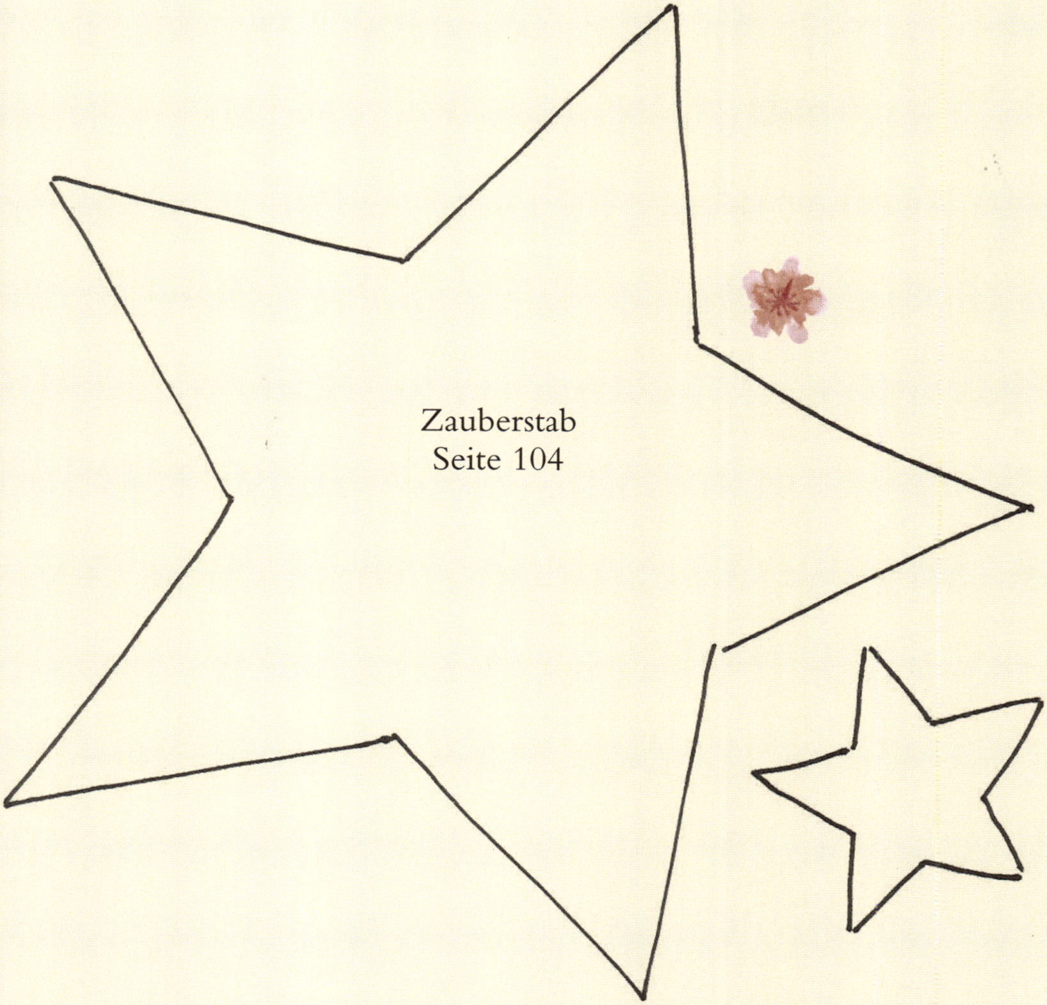

Zauberstab
Seite 104

Haarspange
Seite 132

Danksagung

Ein großes Dankeschön geht an meine Familie. Sie hat mich in den letzten Monaten so großartig unterstützt. Danke an meinen Mann, der mir den Rücken freigehalten hat und auch so manche Idee in meinem Kopf mit umsetzten musste. Danke an meine zwei Mädchen Ida und Lina, die mich jeden Tag aufs Neue inspirieren oder mich mit ihren Ideen auf neue Bastelprojekte bringen.

Danke an meine Eltern, Schwiegereltern und Freunde. Danke an Christine, die mir in vielen organisatorischen Sachen hier zur Seite stand und immer ein offenes Ohr für mich hatte.

Danke an alle, die mich auf dieser Reise unterstützt und sich mit mir gefreut haben. Ohne euch wäre das Buch nicht möglich gewesen.

Über die Autorin

Katharina Krebs wurde 1986 in der Rosenstadt Sangerhausen geboren. Sie ist glücklich verheiratet und Mama von zwei wundervollen Mädchen. Nach ihrer Ausbildung zur Krankenschwester und einem Studium arbeitet sie noch immer im Gesundheitswesen. Basteln, Malen und Nähen sind neben Yoga ihre größte Leidenschaft. Sie liebt Natur und ist ein richtiges Blumenmädchen. Außerdem hat sie eine Schwäche für alte Möbel mit Geschichte und arbeitet diese gerne auf.

Auf ihrem Instagram-Kanal @small_flowers_seams teilt sie regelmäßig ihre inspirierenden DIY-Ideen.

Impressum

Autorin: Katharina Krebs
Fotos und Grafiken: Katharina Krebs
Aquarellblumen: Creative Market
Produktmanagement: Svenja Wiglinghaus
Lektorat: Constanze Lüdicke
Korrektorat: Susen Truffel-Reiff
Umschlaggestaltung: Regina Degenkolbe, Murat Taner
Layout und Satz: Ina Mielkau
Repro: LUDWIG:media
Herstellung: Julia Hegele
Printed in Poland by CGS Printing

★★★★★

Sind Sie mit diesem Titel zufrieden? Dann würden wir uns über Ihre Weiterempfehlung freuen. Erzählen Sie es im Freundeskreis, berichten Sie Ihrem Buchhändler oder bewerten Sie beim Onlinekauf.
Und wenn Sie Kritik, Korrekturen oder Aktualisierungen haben, freuen wir uns über Ihre Nachricht an Christophorus Verlag, Postfach 40 02 09, D-80702 München oder per E-Mail an lektorat@verlagshaus.de.

Unser komplettes Programm finden Sie unter

www.christophorus-verlag.de

 Autorin und Verlag haben alle Angaben und Anleitungen mit größtmöglicher Sorgfalt zusammengestellt. Dennoch kann bei Fehlern keinerlei Haftung für direkte oder indirekte Folgen übernommen werden. Materialien und Projekte können von den jeweiligen Originalen abweichen.

Die bildliche Darstellung ist unverbindlich. Sollte dieses Werk Links auf Webseiten Dritter enthalten, so machen wir uns die Inhalte nicht zu eigen und übernehmen für die Inhalte keine Haftung. In diesem Buch wird aus Gründen der besseren Lesbarkeit das generische Maskulinum verwendet. Weibliche und anderweitige Geschlechteridentitäten werden dabei ausdrücklich mitgemeint, soweit es für die Aussage erforderlich ist.

Die Deutsche Nationalbibliothek verzeichnet diese Publikation in der Deutschen Nationalbibliografie; detaillierte bibliografische Daten sind im Internet über http://dnb.d-nb.de abrufbar.

Herstellernachweis: Wir danken Rayher Hobby GmbH, www.Rayher.com, für die freundliche Bereitstellung der Materialien.

ISBN 978-3-8411-0302-4

Kreativ-Service

Sie haben Fragen zu unseren Büchern und Materialien? Wir beraten Sie gern rund um alle Kreativthemen.Rufen Sie uns einfach an. Wir interessieren uns auch für Ihre eigenen Ideen und Anregungen. Sie erreichen uns per E-Mail kreativ-service@c-verlag.de oder unter der Telefonnummer 0049-89-1306 99 577.

Besuchen Sie uns im Internet: www.christophorus-verlag.de & www.selbstgemacht.de

Ebenfalls erhältlich ...

ISBN 978-3-8388-3896-0

ISBN 978-3-8411-0307-9

ISBN 978-3-8411-0298-0

ISBN 978-3-8411-0291-1

CV

www.christophorus-verlag.de